Cosas Difíciles Que Hacemos

LABERINTOS LIBROS

ActivityCrusades

Publicado por Speedy Publishing Canada Limited

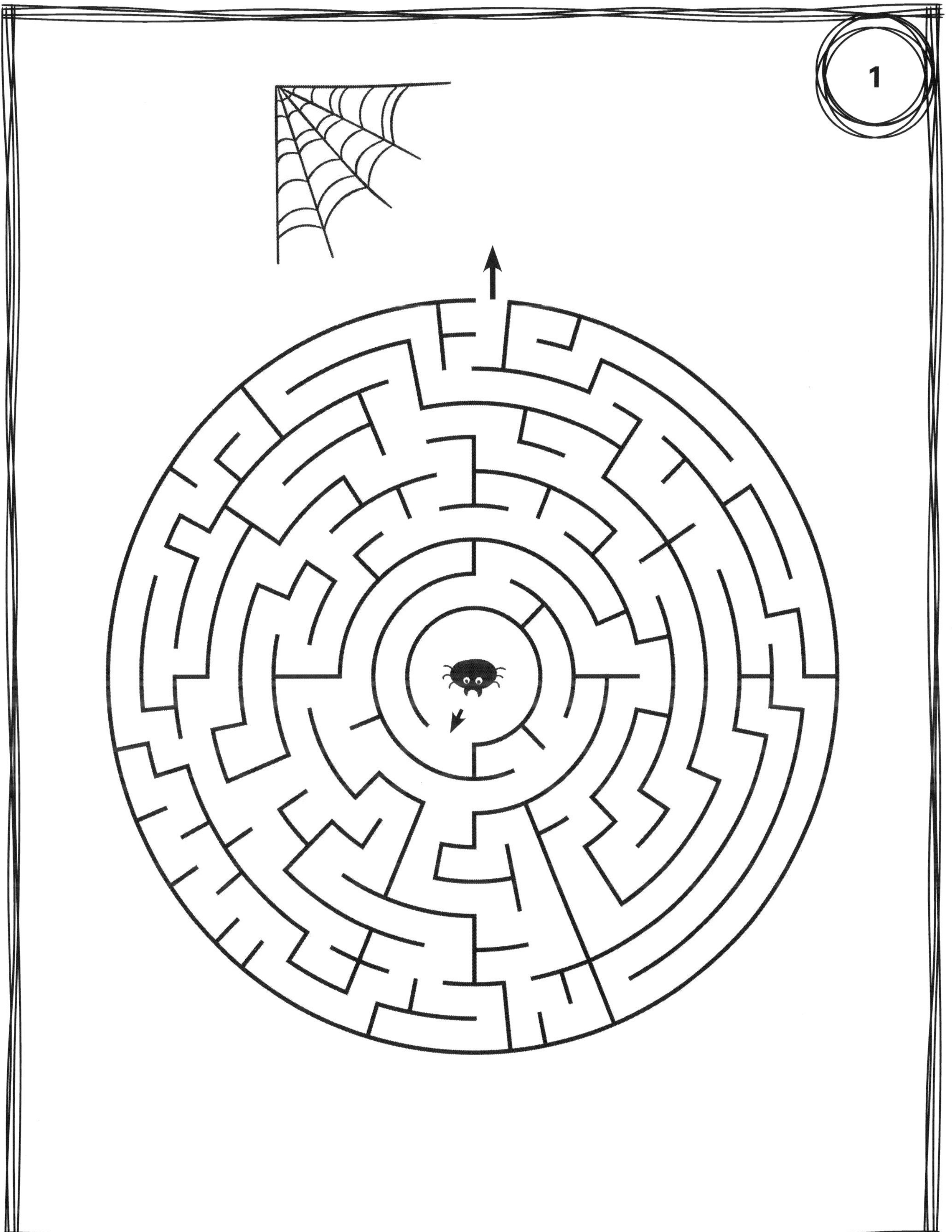

1

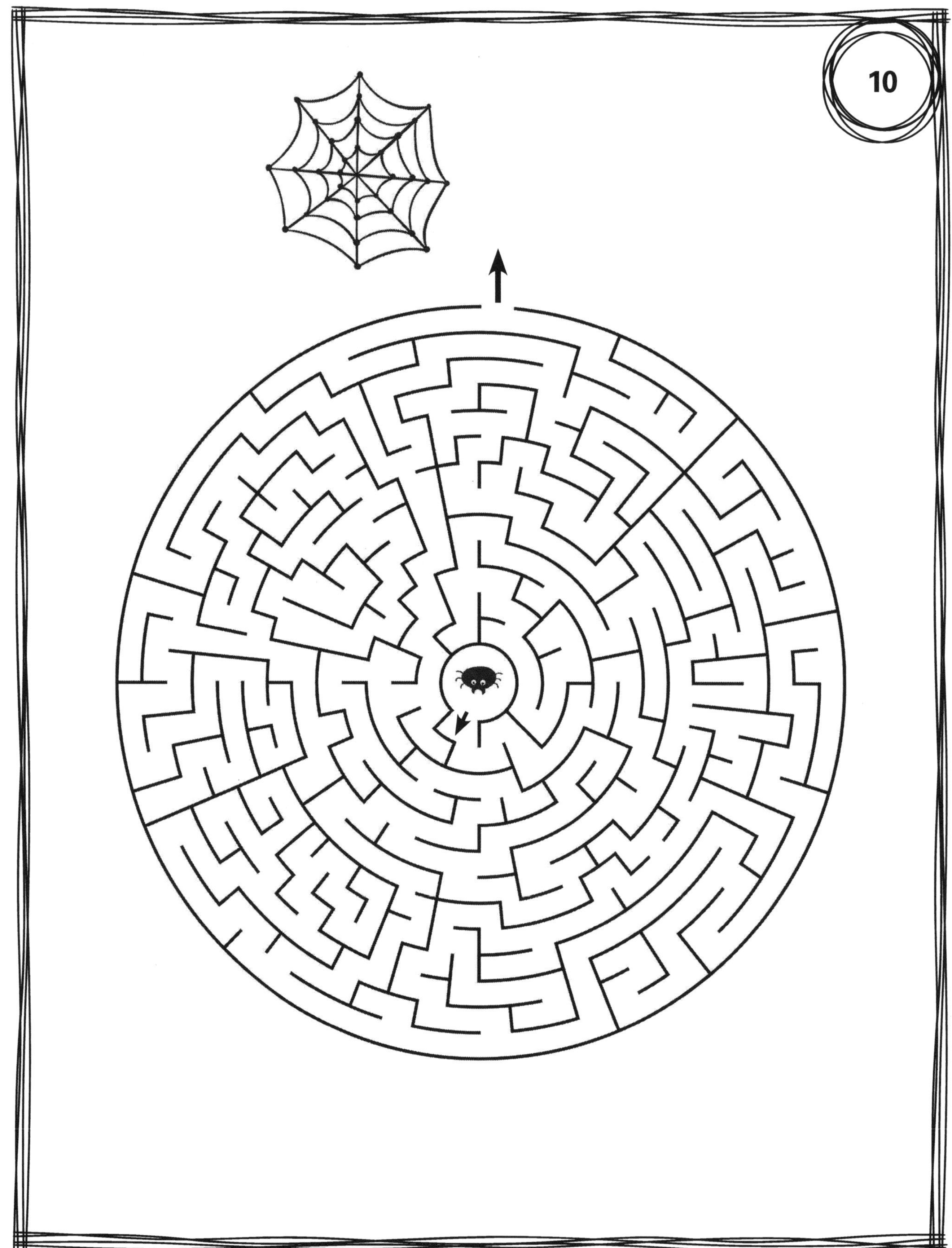

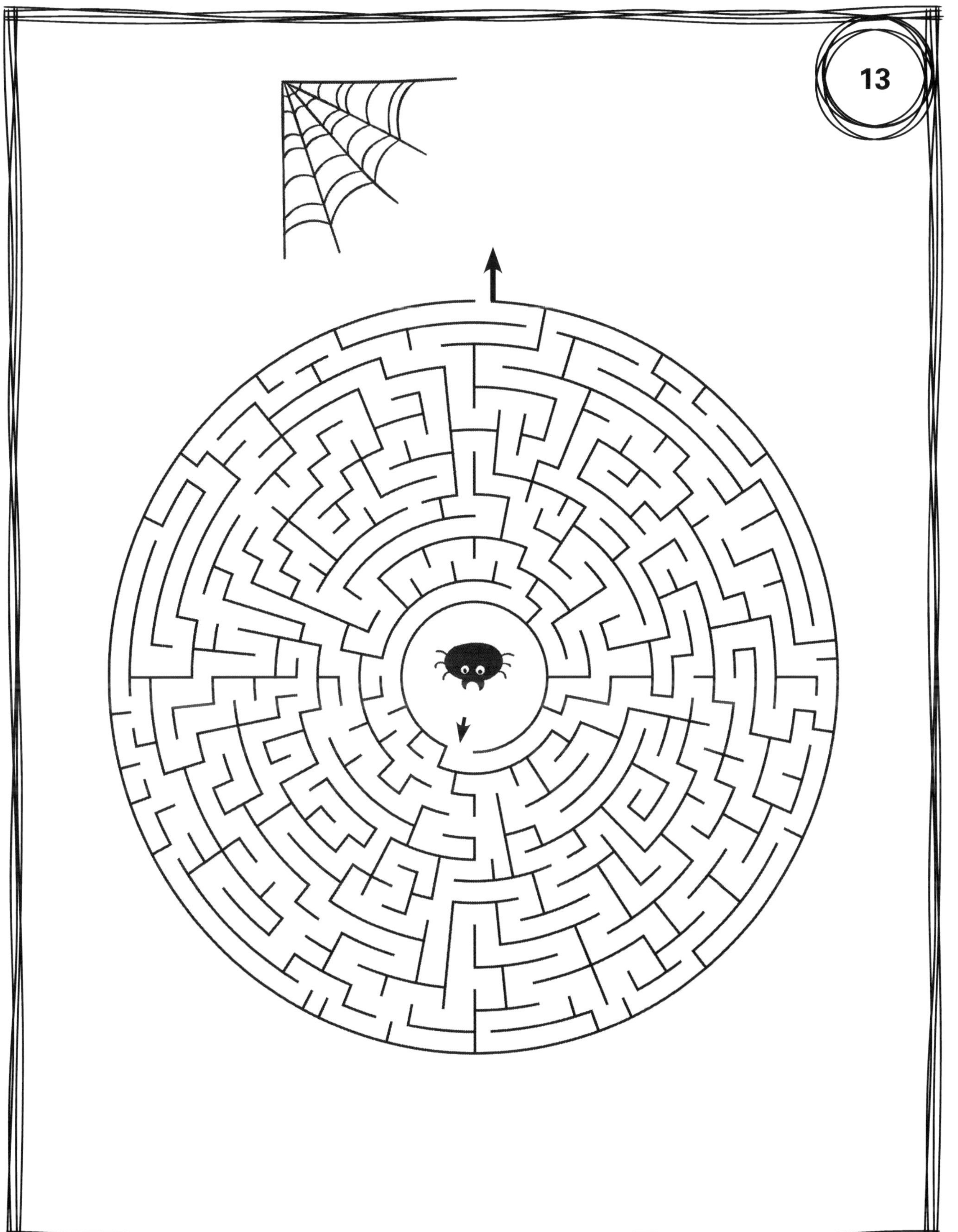

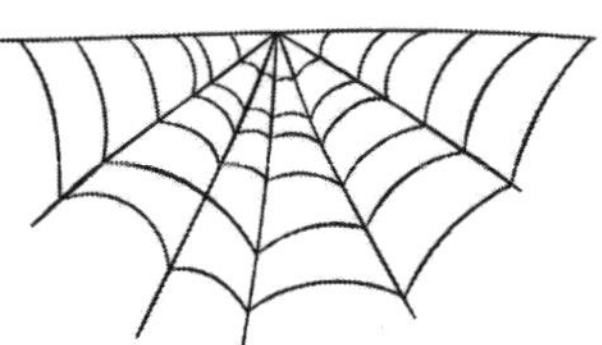

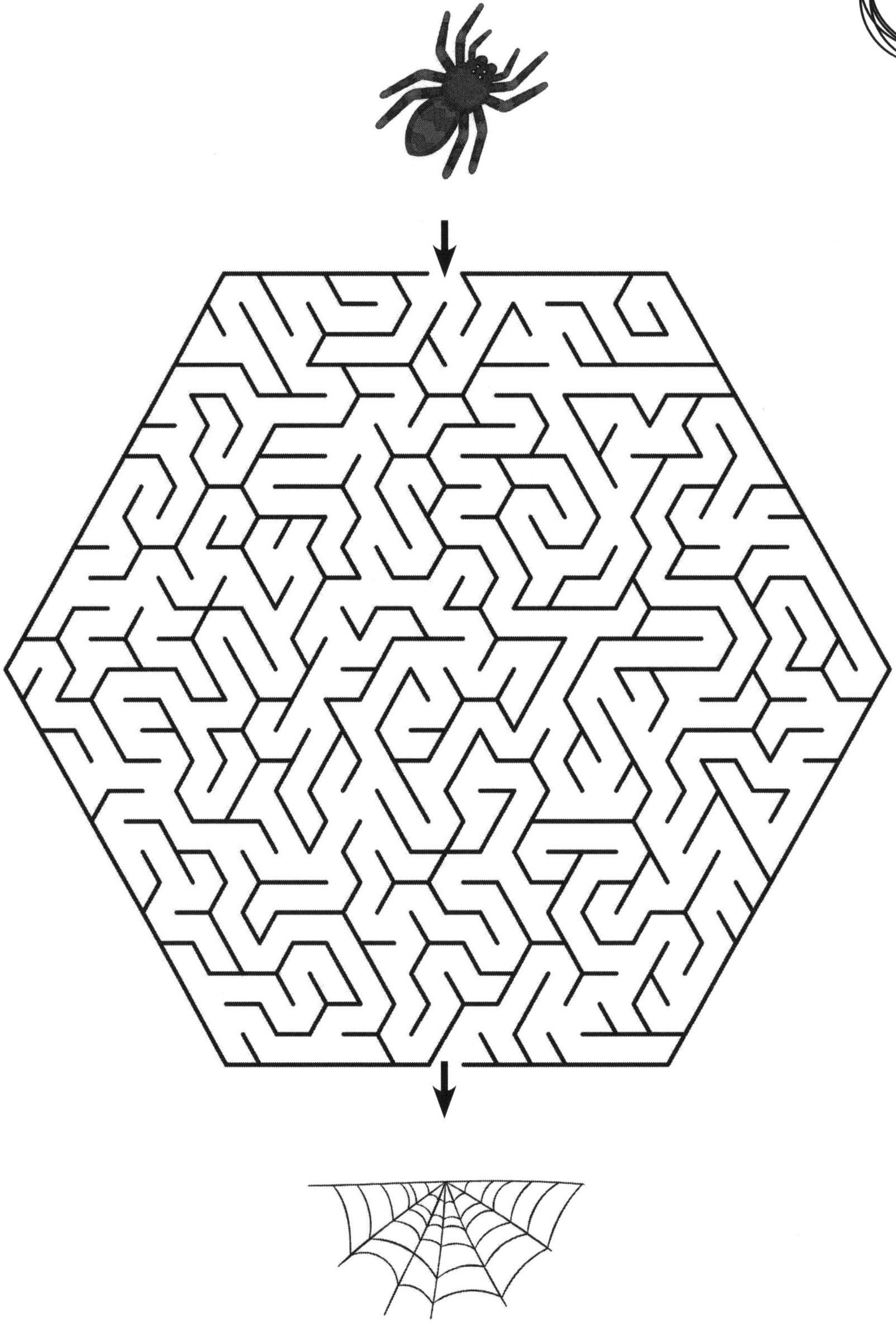

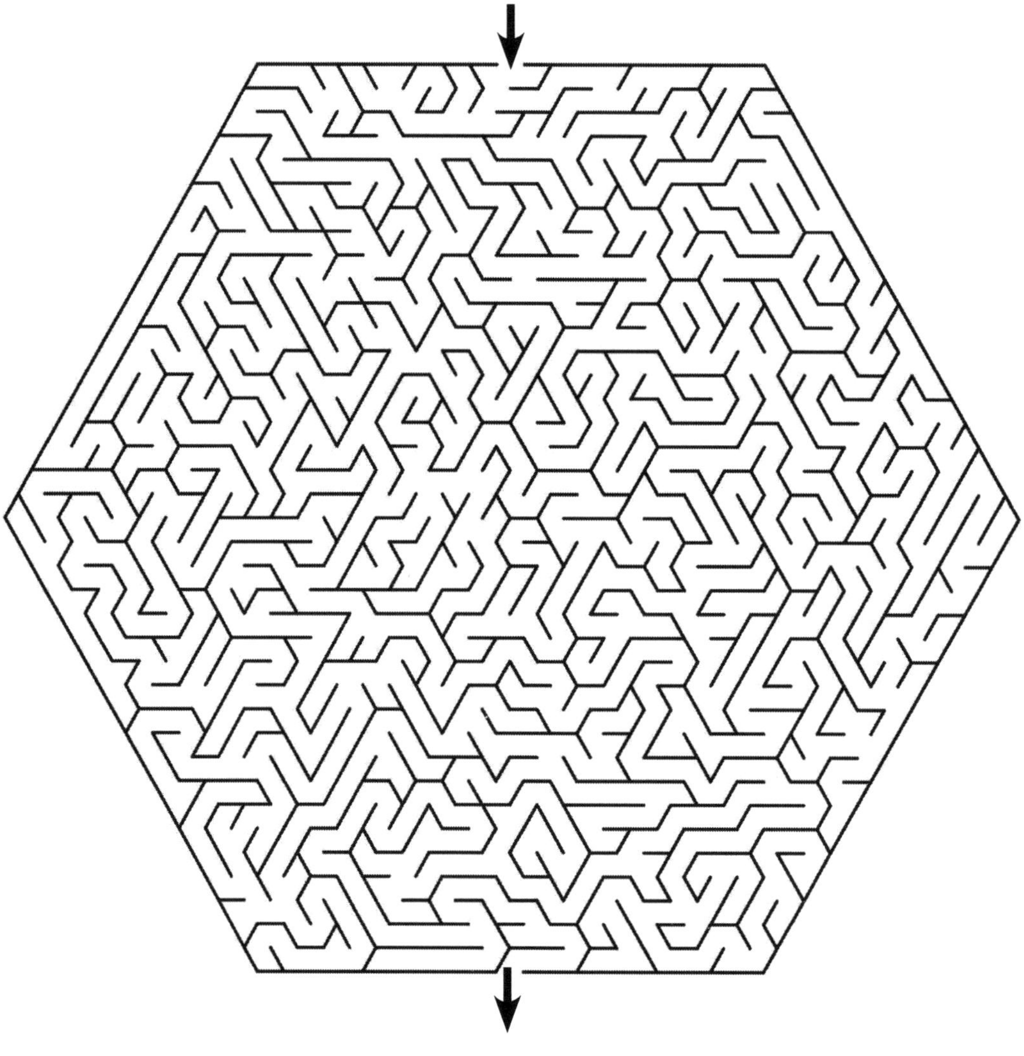

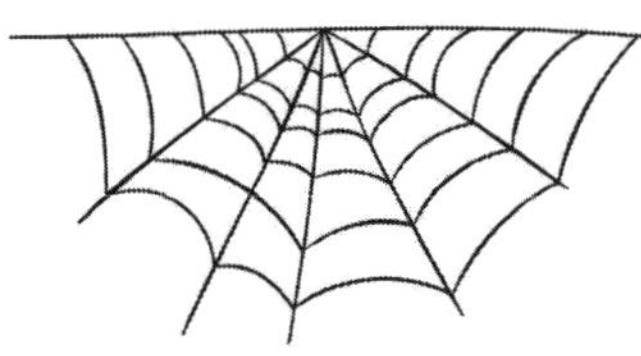

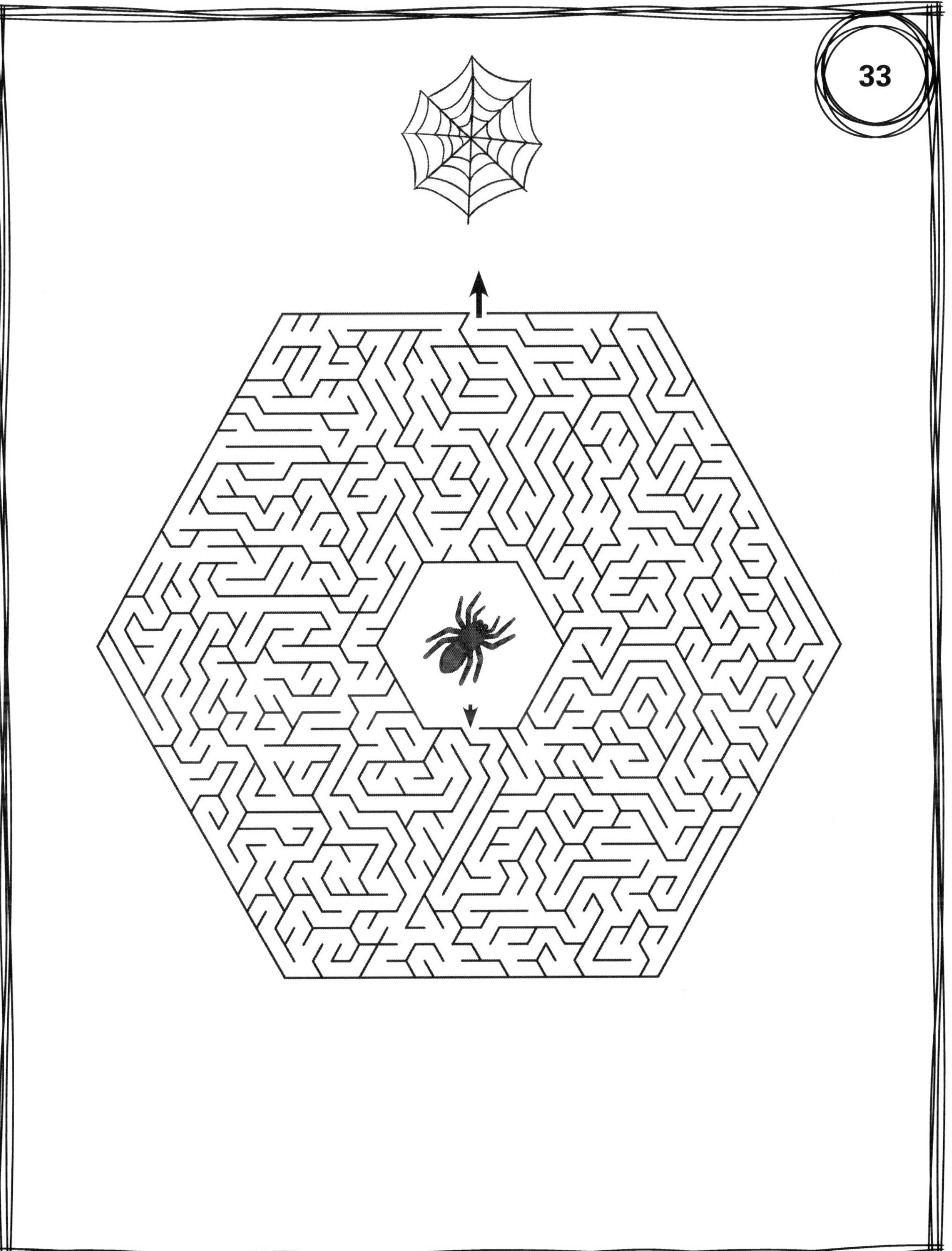

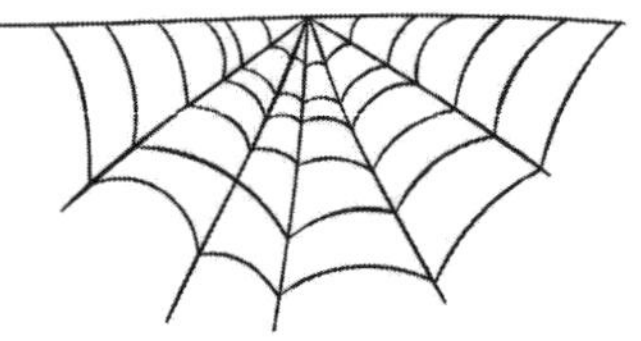

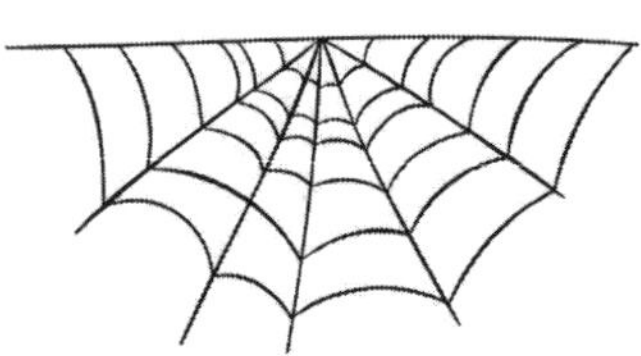

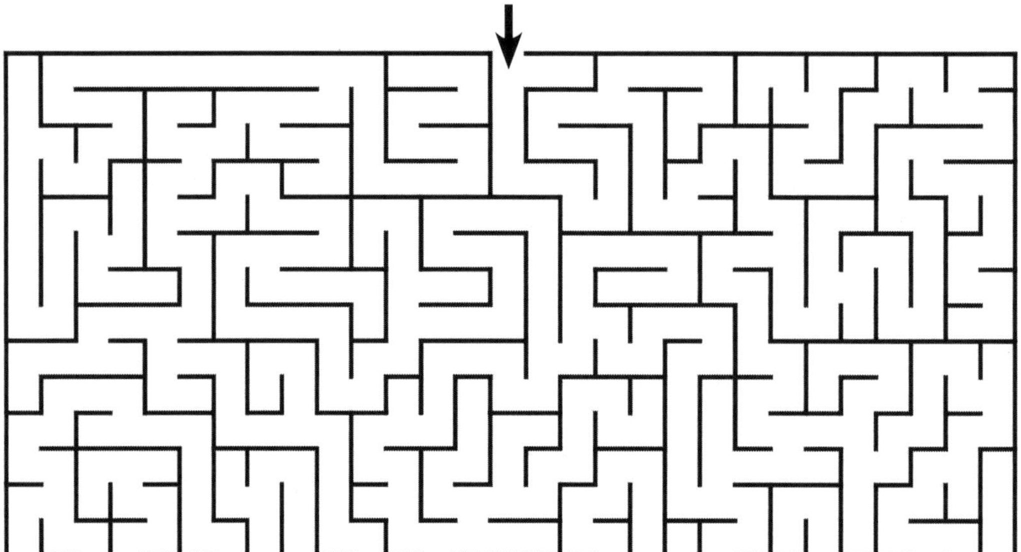

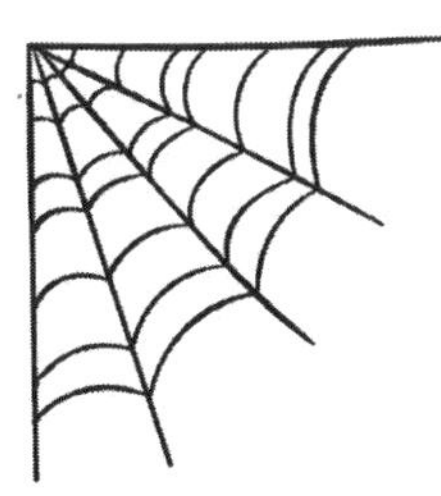

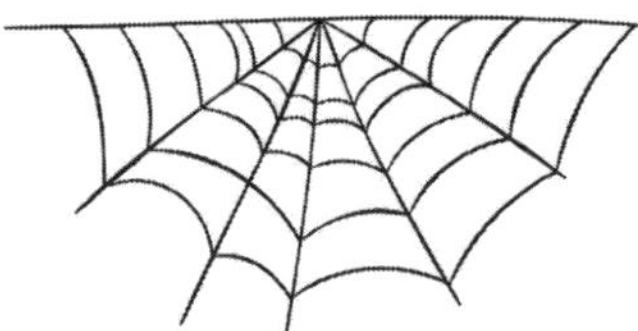

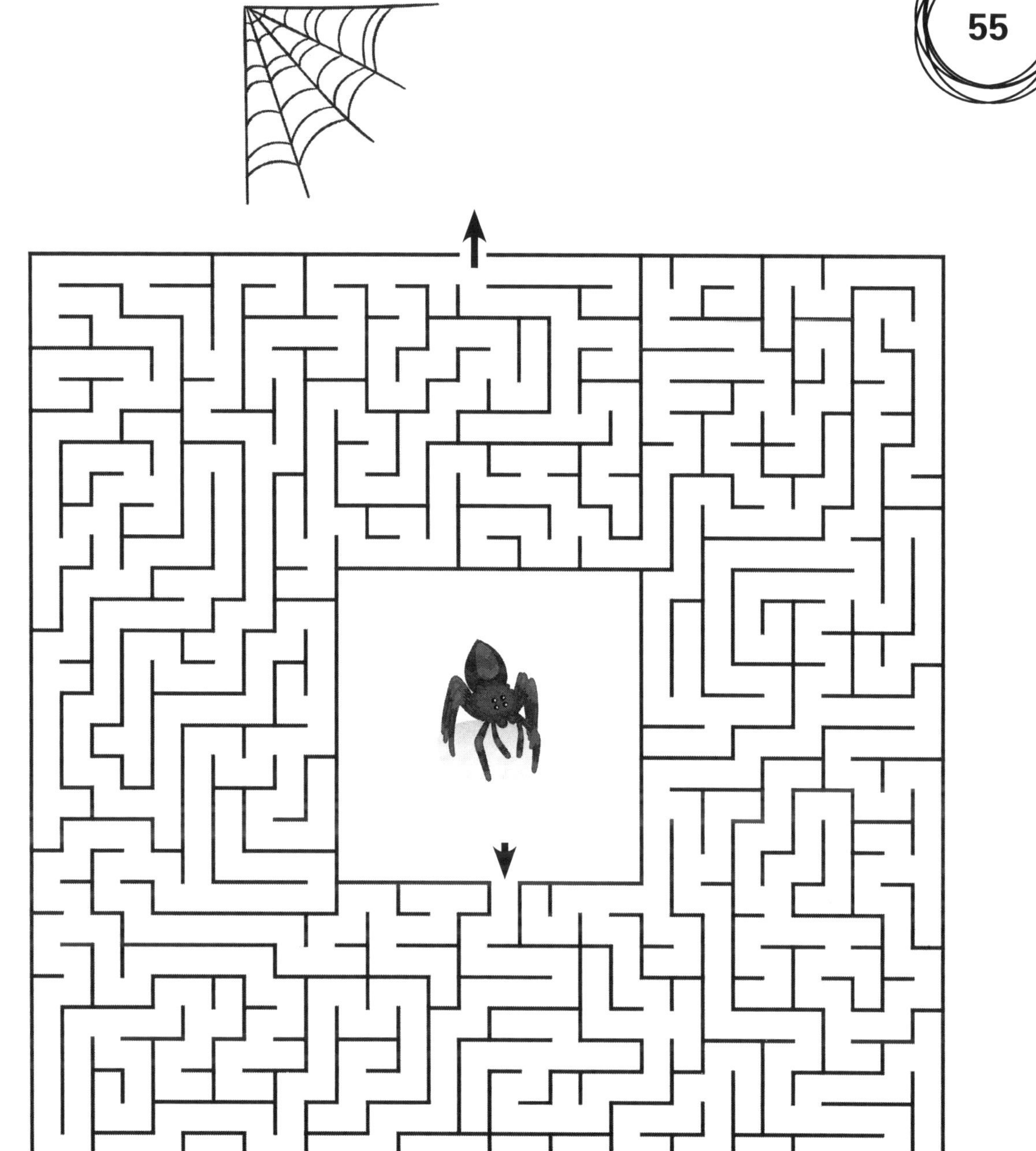

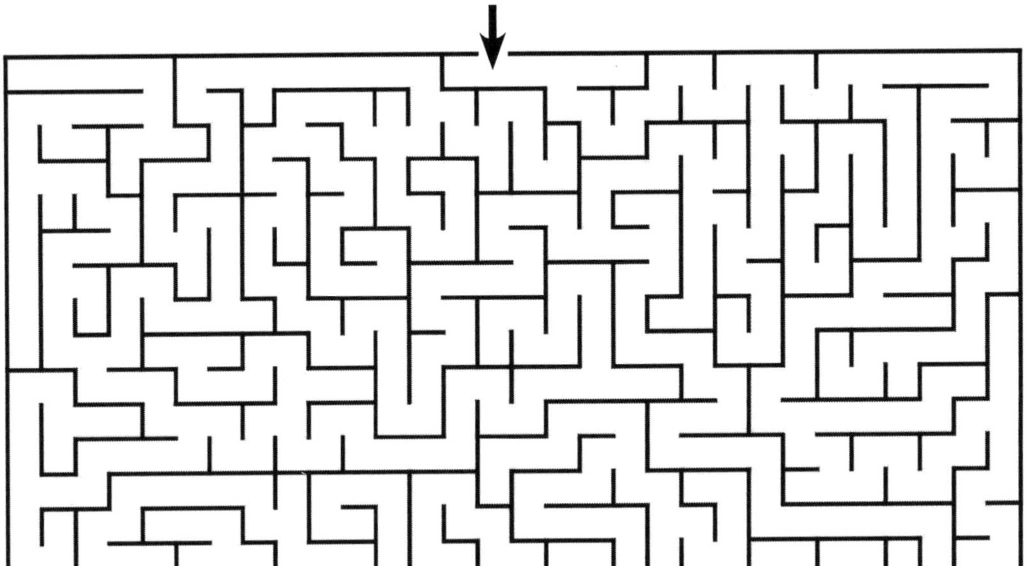

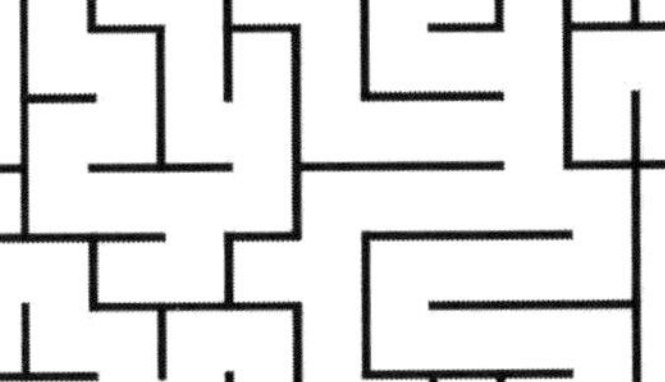

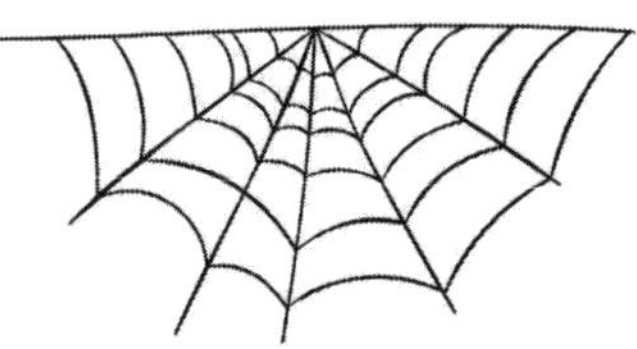

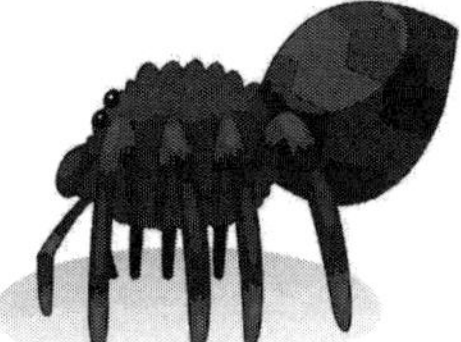

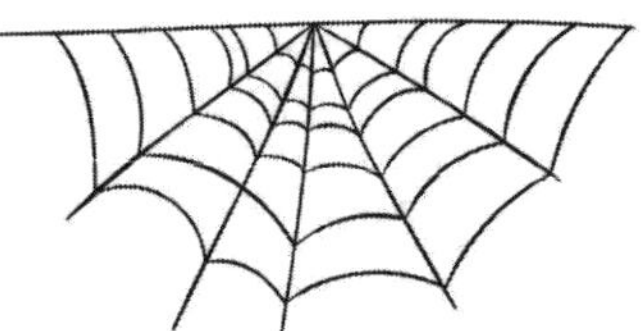

64

70

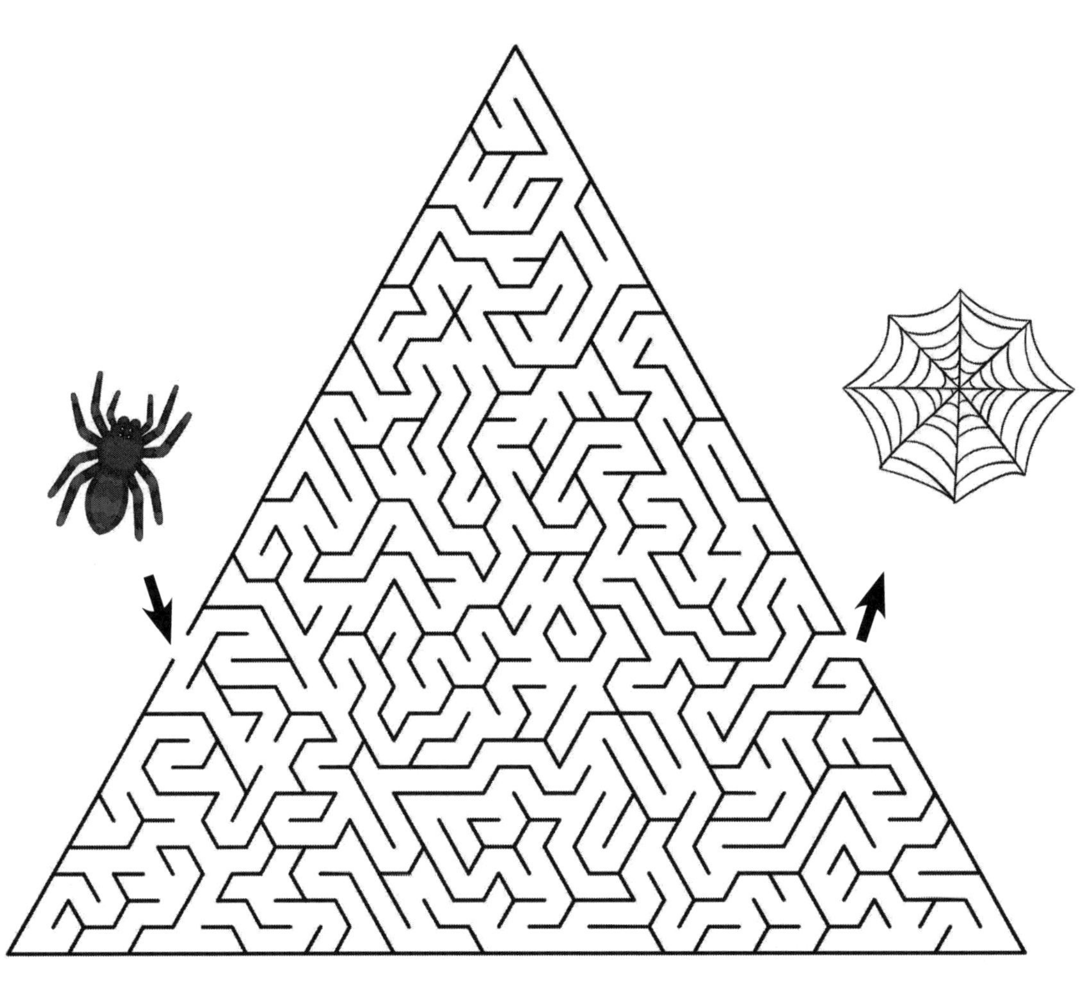

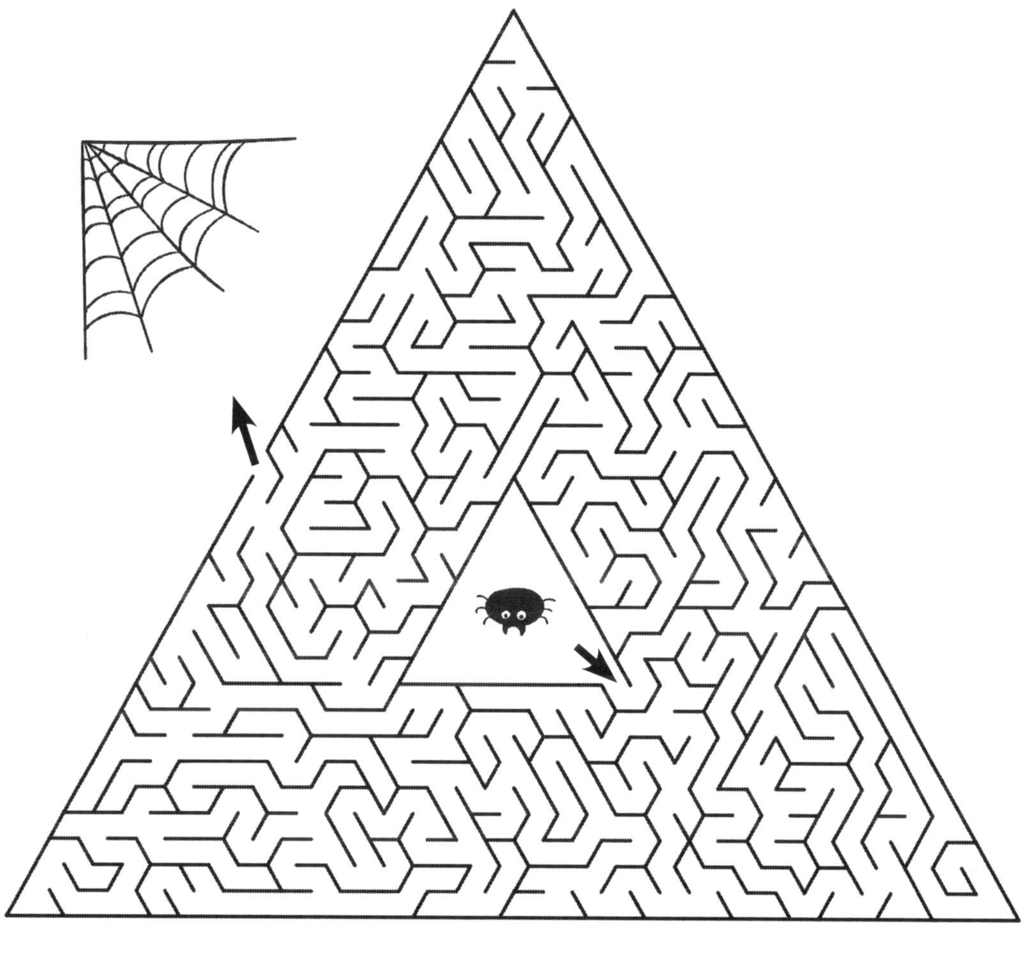

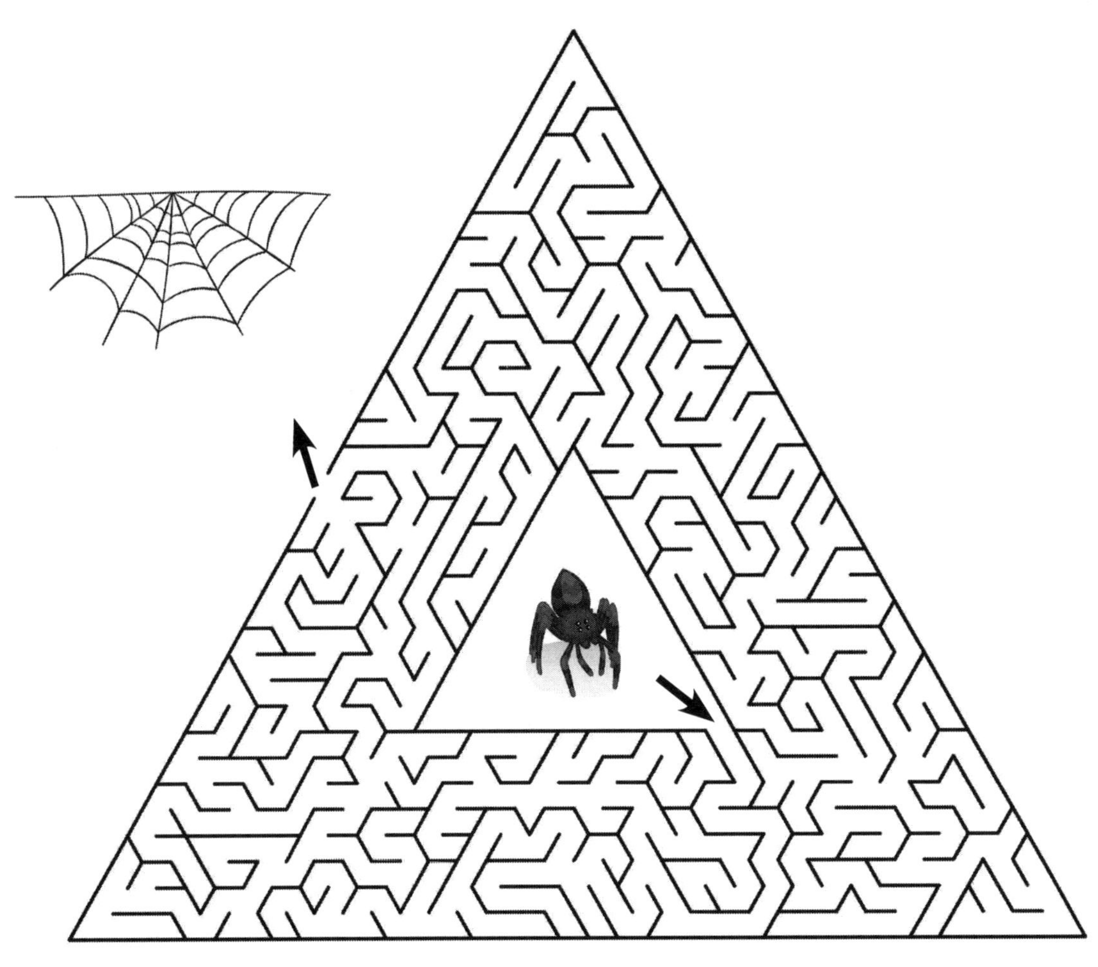

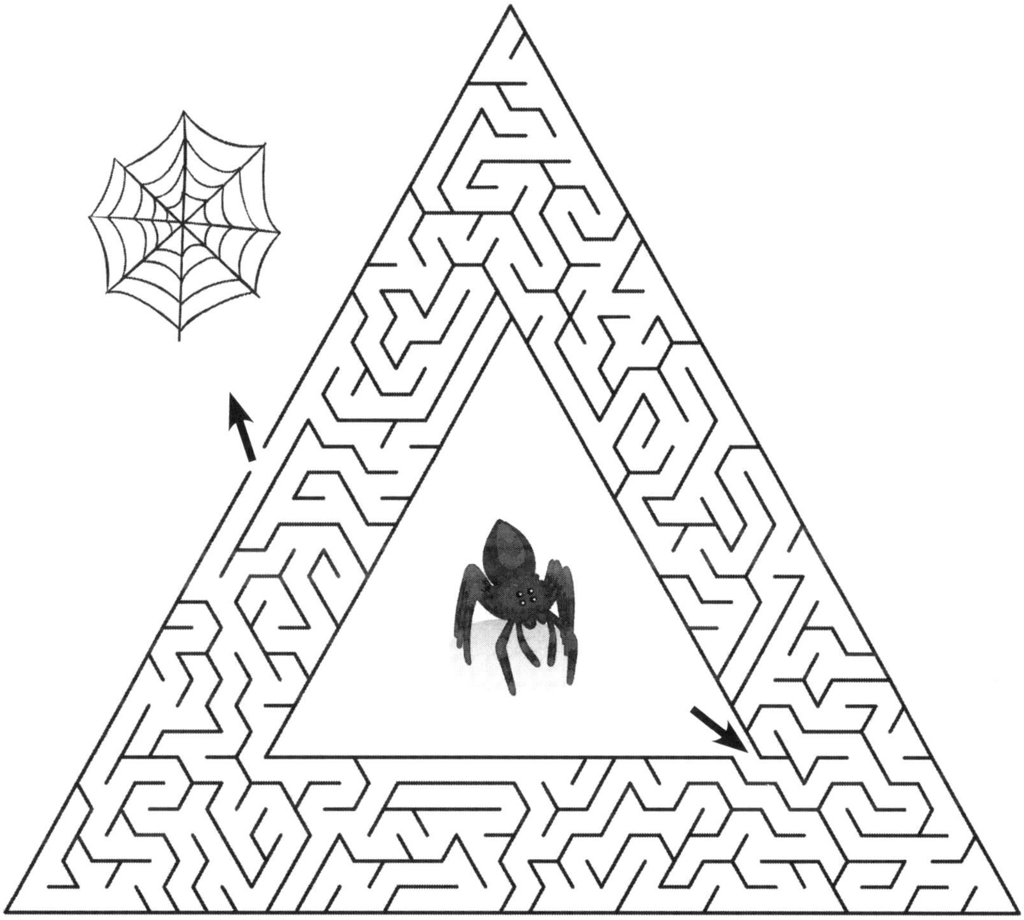

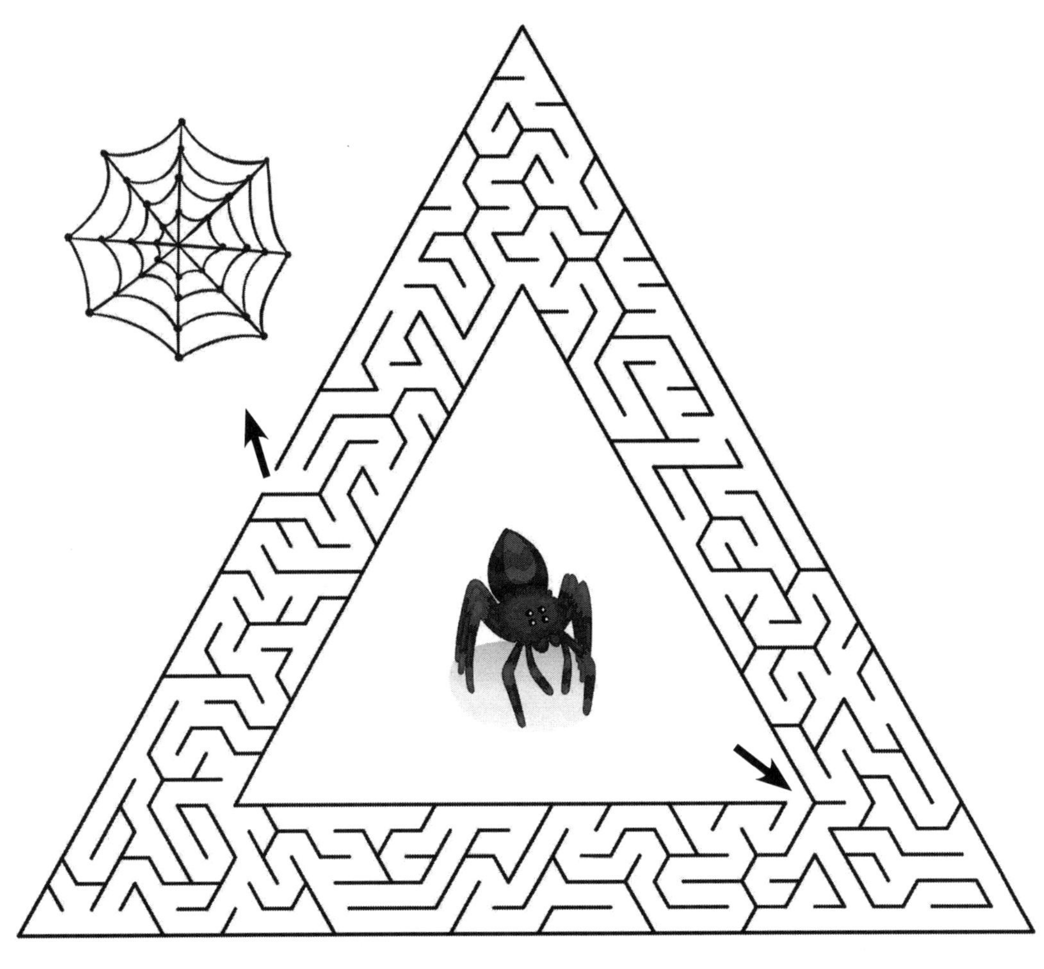

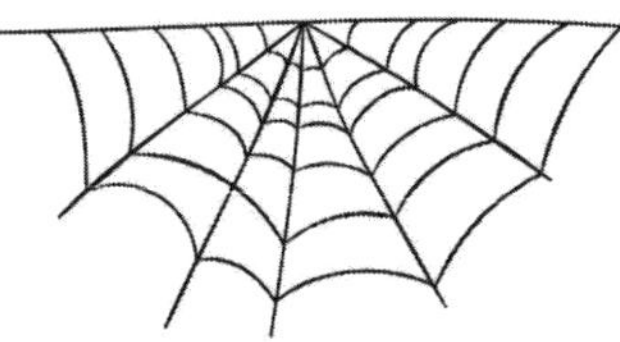

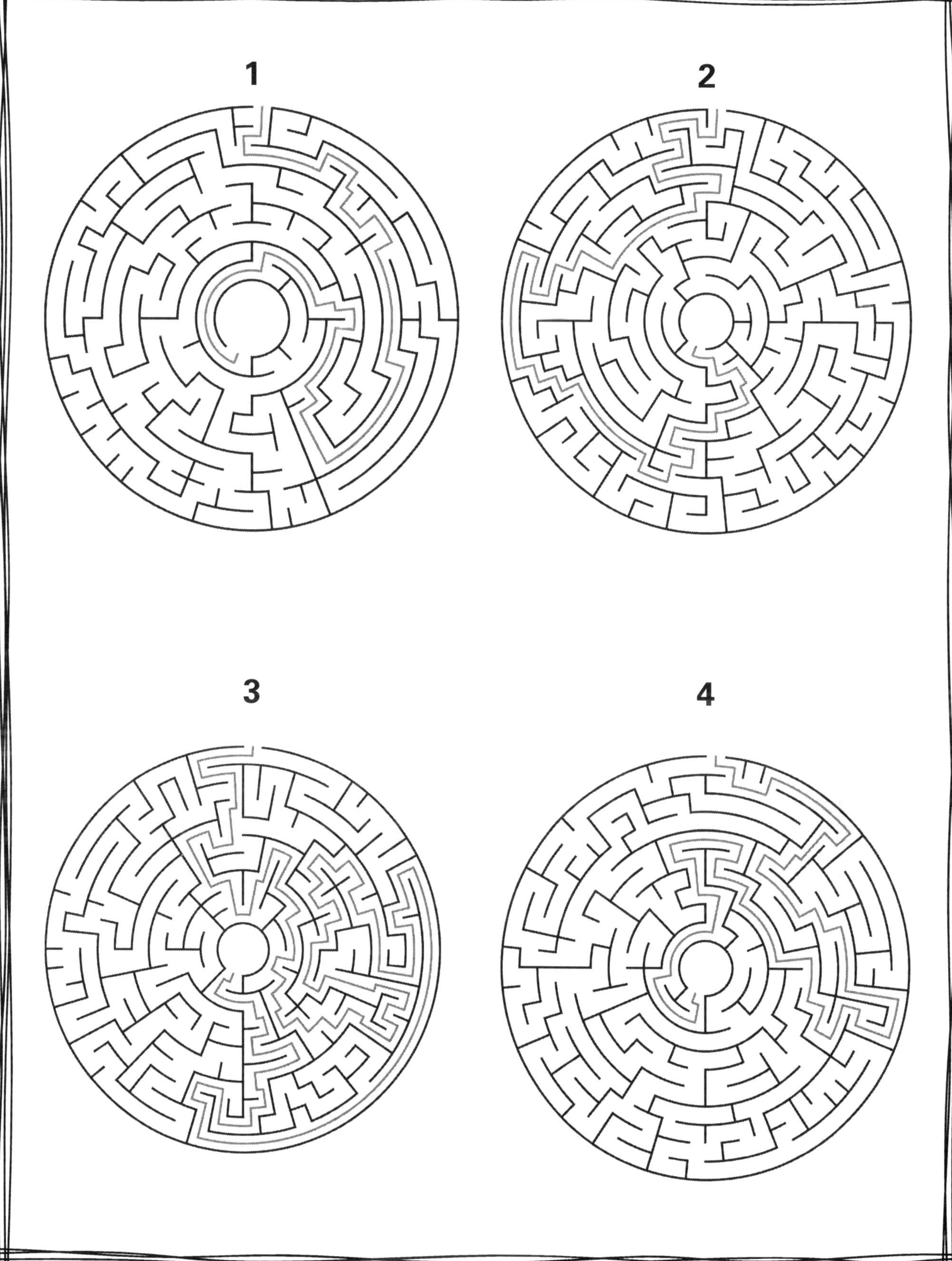

1
2
3
4

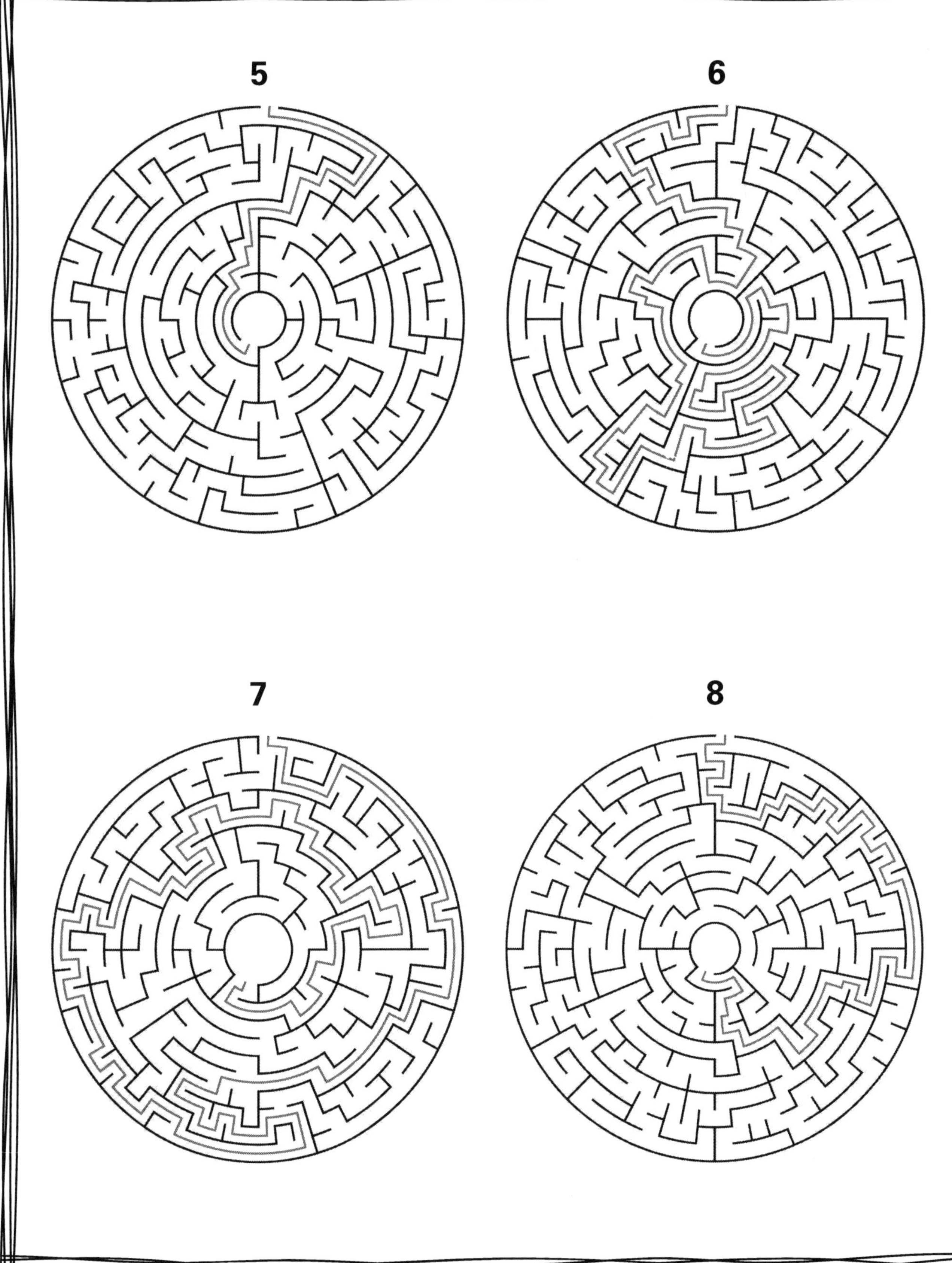
5
6
7
8

9

10

11

12

13

14

15

16

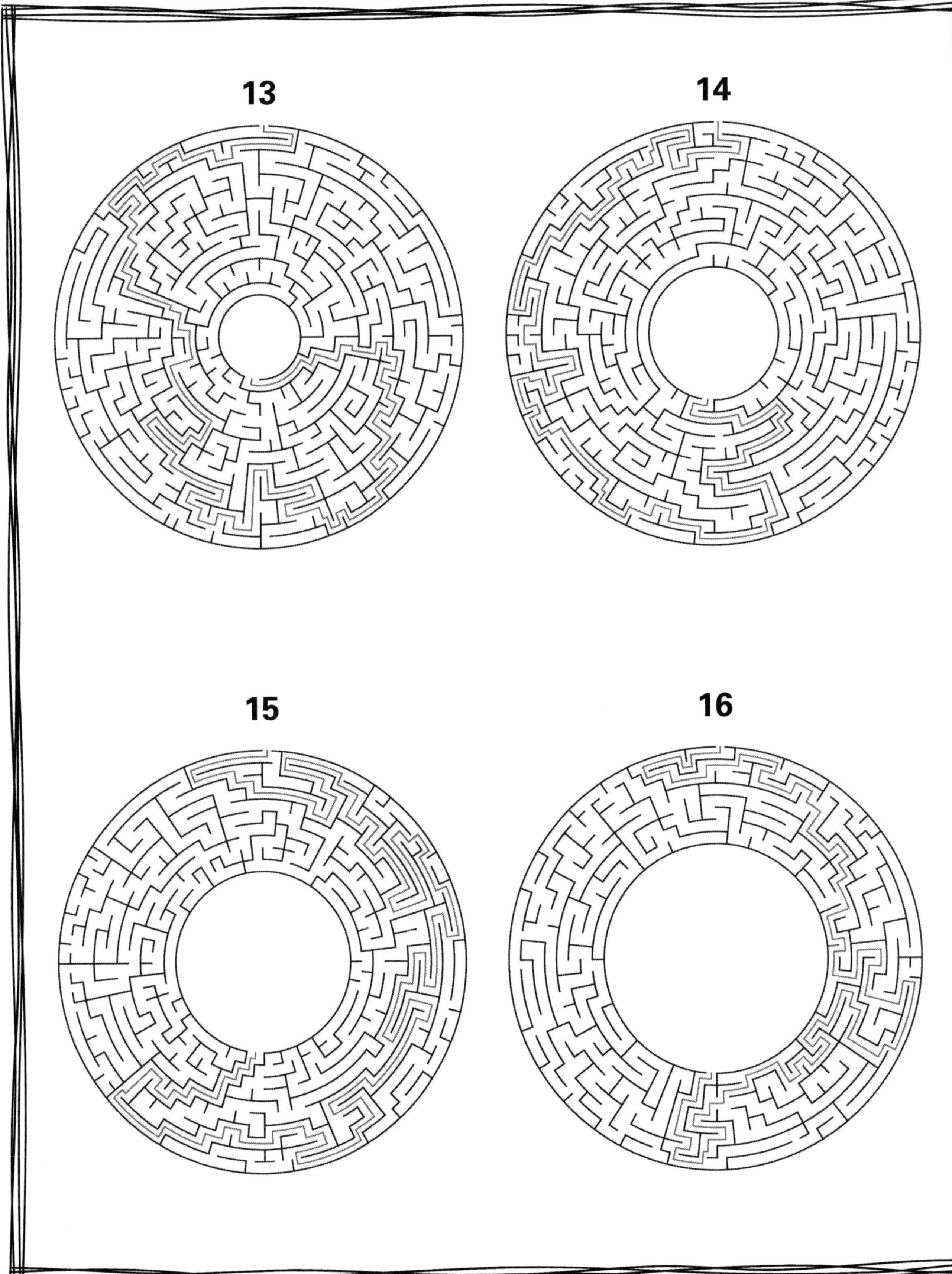

17

18

19

20

21

22

23

24

25

26

27

28

29

30

31

32

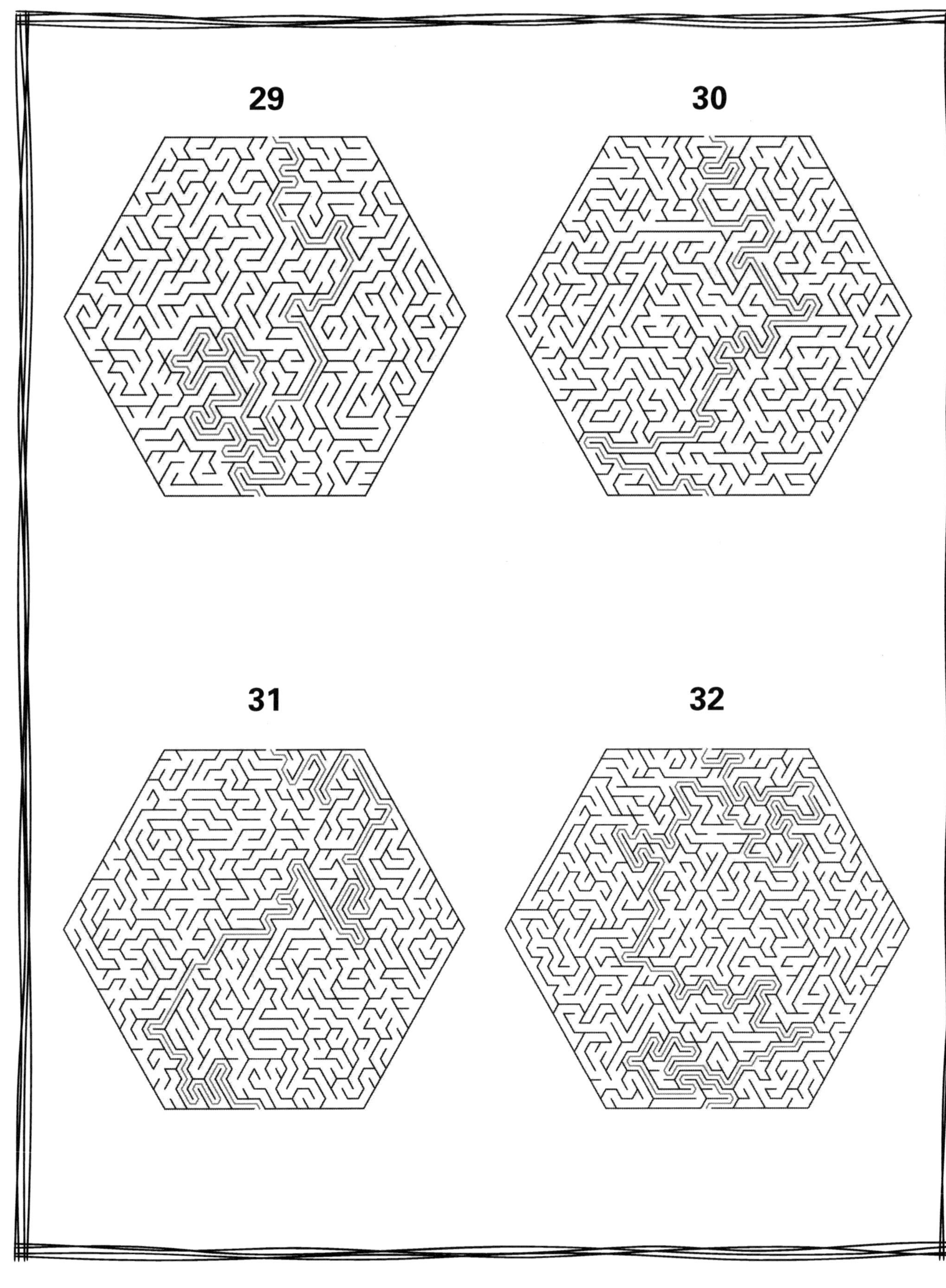

33

34

35

36

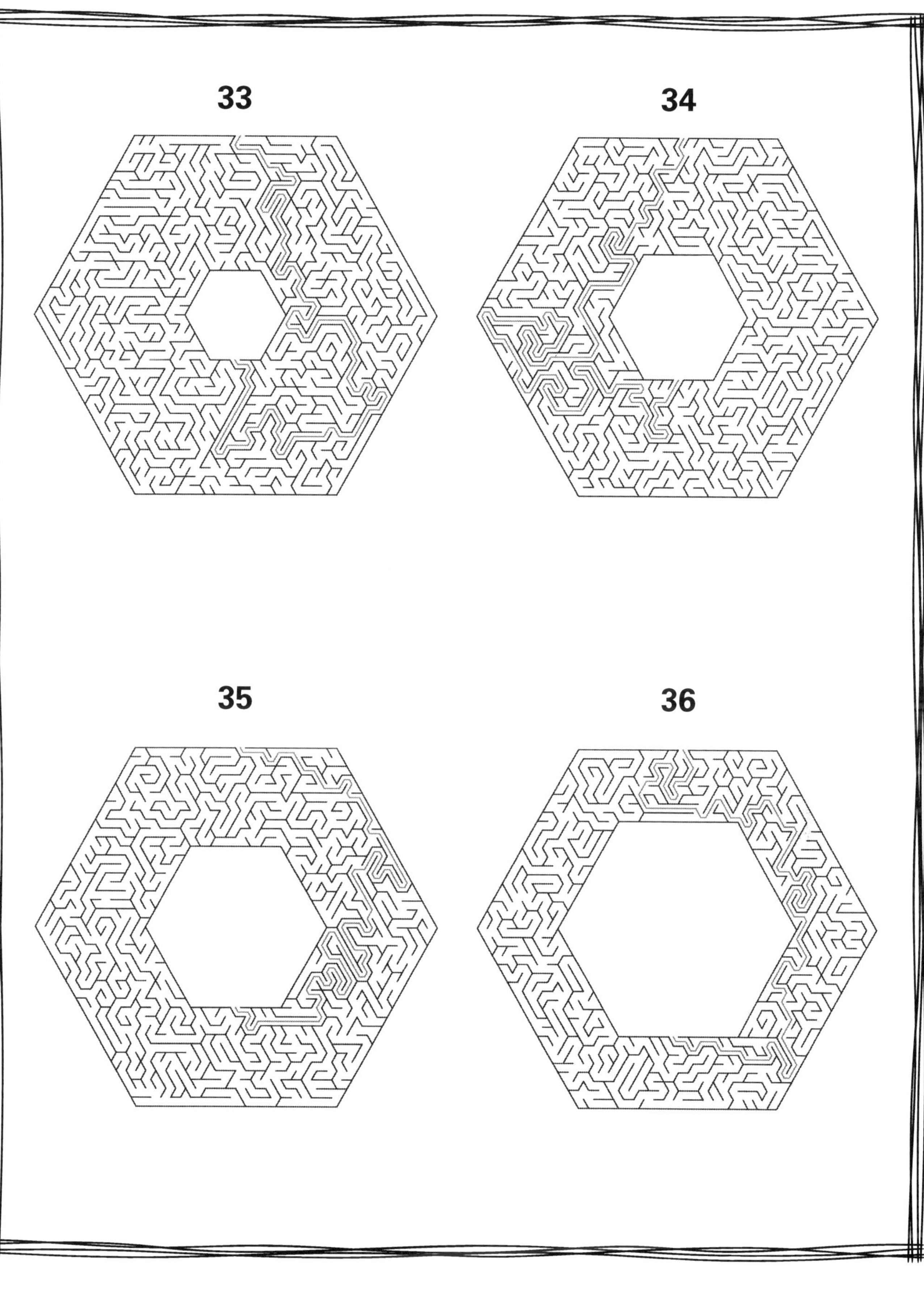

37

38

39

40

41

42

43

44

45

46

47

48

49

50

51

52

53
54
55
56

57

58

59

60

61

62

63

64

65

66

67

68

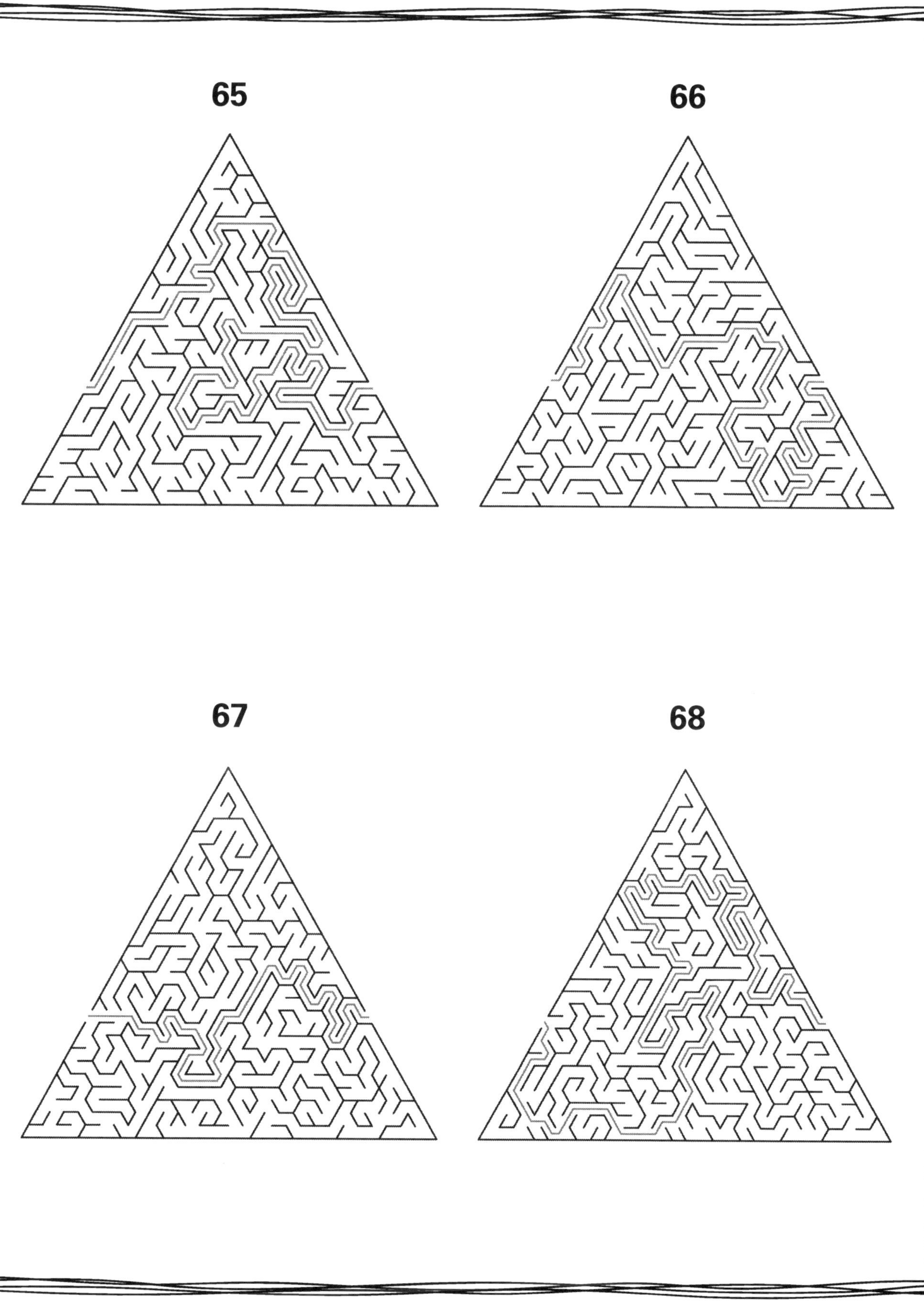

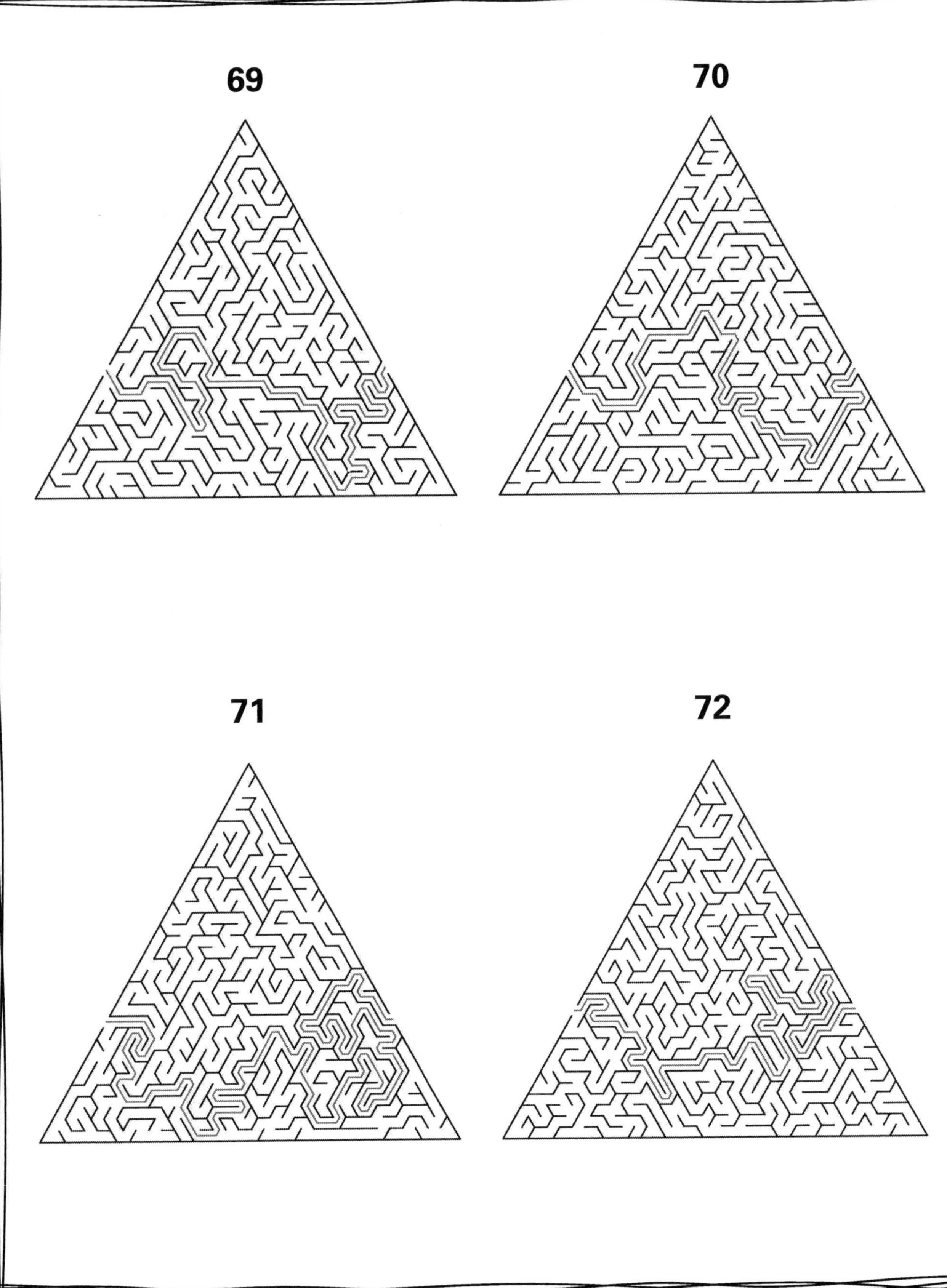

69
70
71
72

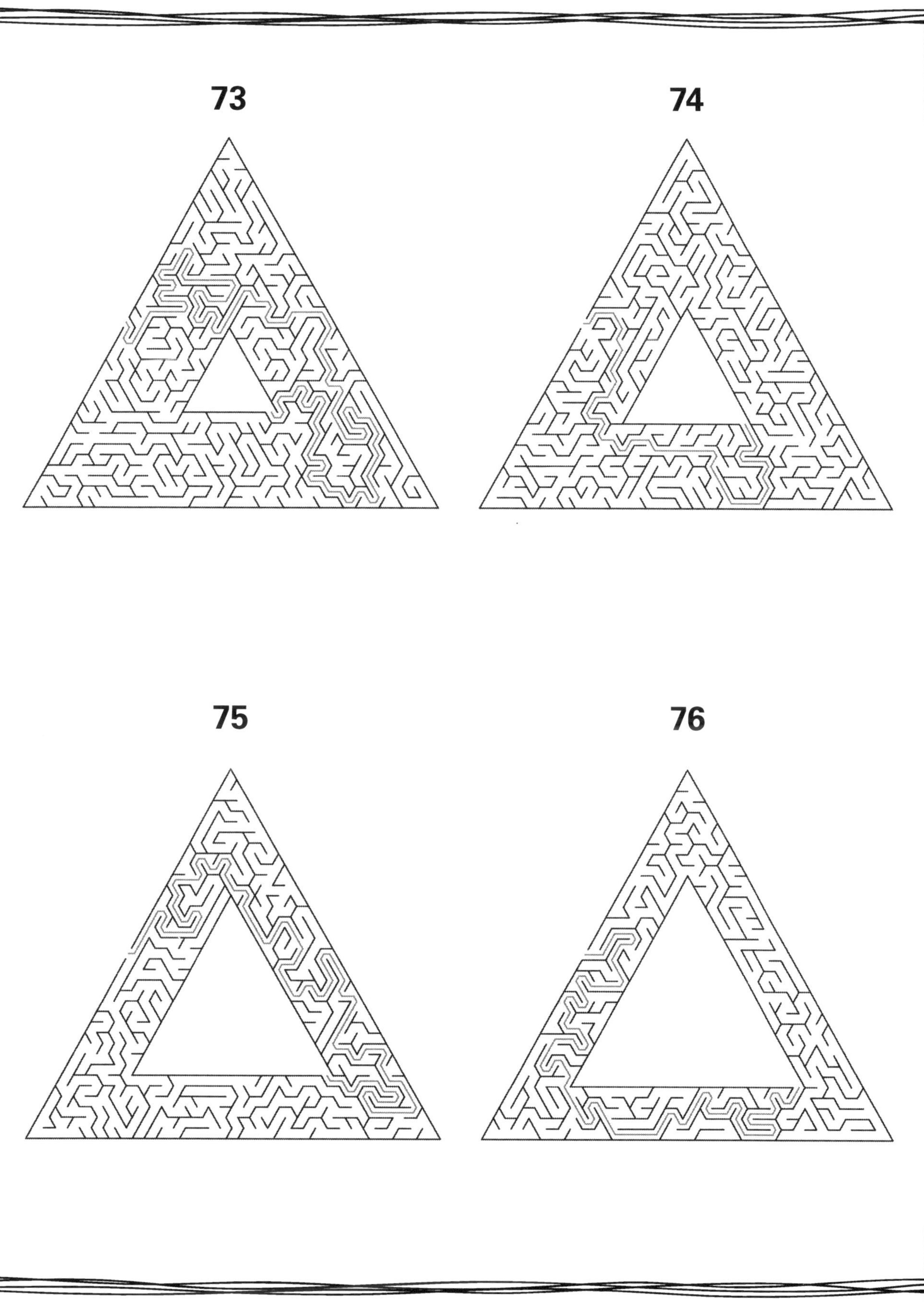

77

78

79

80

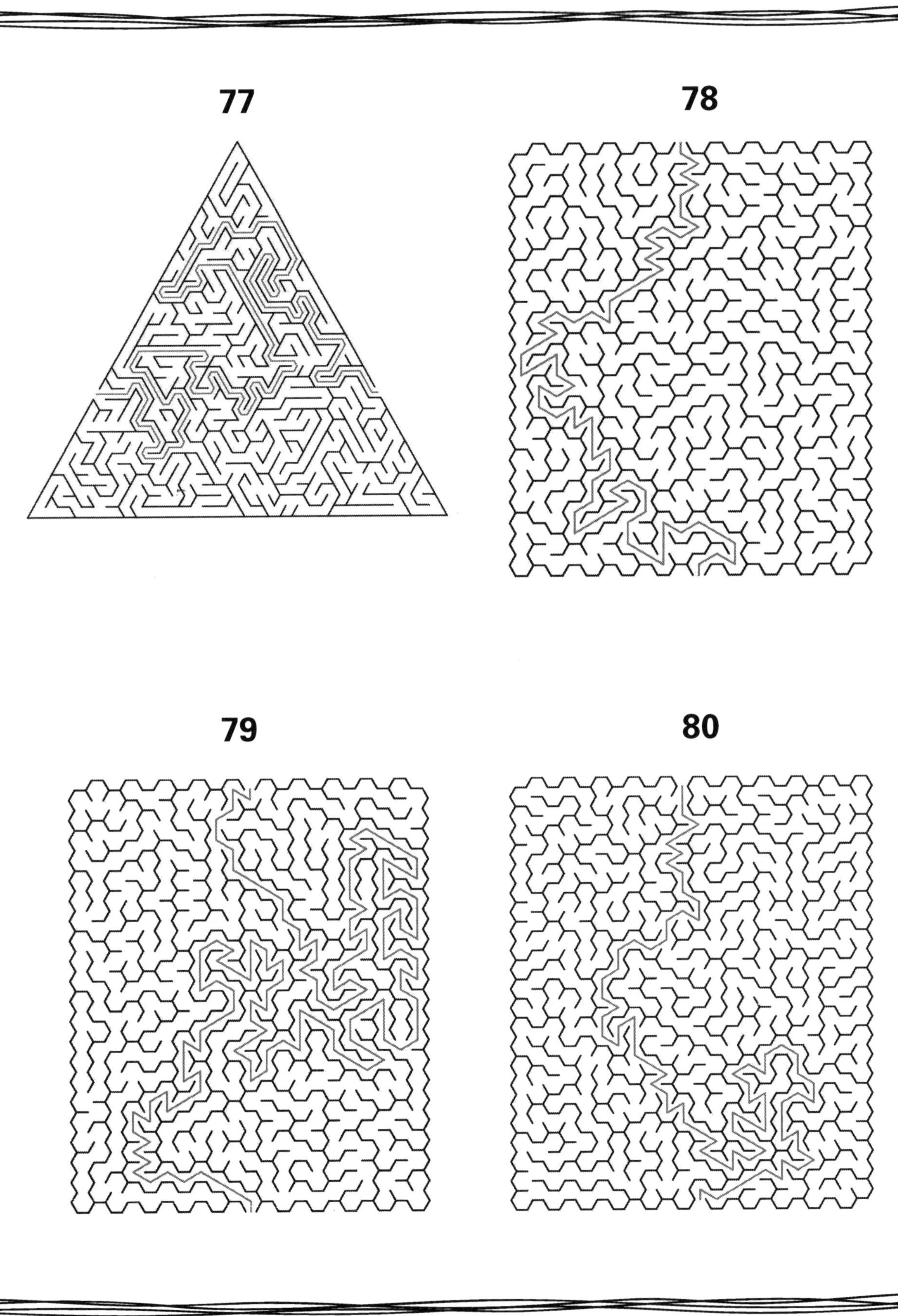

81

82

Made in the USA
Monee, IL
07 July 2026